AF320520

Warum noch Schule?

Schüler wehrt euch!

Ein Aufruf an junge Menschen und deren Eltern

Plädoyer für eine zeitgemäße Begleitung
junger Menschen in ihre Zukunft,
an der auch wir noch teilhaben dürfen

Bibliografische Information der Deutschen Nationalbibliothek:
Die Deutsche Nationalbibliothek verzeichnet diese Publikation in der Deutschen Nationalbibliografie; detaillierte bibliografische Daten sind im Internet über http://dnb.dnb.de abrufbar.

Umschlaggestaltung: Hartmut Kay Hirsch

Teile der Cover Grafik: Foto von Gayatri Malhotra auf Unsplash

Verlag: BoD · Books on Demand GmbH, In de Tarpen 42, 22848 Norderstedt, bod@bod.de
Druck: Libri Plureos GmbH, Friedensallee 273, 22763 Hamburg

ISBN: 978-3-8391-4694-1

INHALTSVERZEICHNIS

VORWORT

In Gesprächen mit jungen Menschen und deren Eltern werden mir immer gleichlautende Sorgen anver-
traut:

-Die Lehrer und Erzieher glauben mir nicht, dass ich
aufgrund der Verspätung der öffentlichen Verkehrs-
mittel oder Verkehrsstau unpünktlich erscheine und
unterstellen mir, dass ich beabsichtigt zu spät zur
Schule komme

-Der Stress an Schulen ist unerträglich, zu viel Lernstoff und zu viel lebensfremd

-Wir bekommen zu viel Hausaufgaben und werden
dadurch in unserer Freizeitgestaltung erheblich ein-
geschränkt

-Obwohl ich sehr viel entsprechend meiner Begabung für die Schule gelernt habe, wird mir mangelnde Leistungsbereitschaft unterstellt

-Arm zu sein bedeute kognitiv benachteiligt zu sein

Bei solchen unsinnigen und schweren Vorwürfen gegenüber jungen Menschen stellt sich die Frage:

Wie sollen junge Menschen von unserem Rechtsstaat, in welchem die Unschuldsvermutung gilt, überzeugt und begeistert werden?

Wie sollen junge Menschen zu unserer demokratischen Idee und Gemeinschaft Zugang finden, wenn bei solch einer mangelhaften Haltung des staatlichen Lehr- und Erziehungspersonals keine notwendige Bindung zum jungen Menschen aufgebaut werden kann? Denn Bindung ist eine unabdingbare Notwendigkeit in der Förderung der Entwicklung junger Menschen.

Ich hoffe hier wird bereits etwas deutlich: Die Haltung der Lehr- und Erziehungskraft zu jungen Menschen wird über ihr wichtigstes Werkzeug, die Sprache, die Kommunikation offenbart und spiegelt sich sodann auch in ihrem Tun wider.

Und die Haltung der Lehr- und Erziehungskraft ist vom gleichen Bildungs- und Erziehungssystem der letzten 30 Jahre geprägt.

Logischerweise kann also kaum eine Bildungs- und Erziehungsreform insbesondere vom öffentlichen Bildungs- und Erziehungspersonal ausgehen.

Wir brauchen daher eine Reformdebatte mit noch unbefangenen jungen Menschen für Kinder und Jugendliche sowie mit Hilfe der Familienangehörigen. Denn die Akteure des Bildungs- und Erziehungssystems sowie -politik der letzten 30 Jahre sind selbst das Problem und haben somit keine Lösung. Als Betroffene, also Befangene werden die Akteure des Bildungs- und Erziehungssystems sowie -politik auch keine Lösung aus sich selbst heraus anbieten werden können.

Mein Aufruf an junge Menschen und deren Eltern soll nicht der Abschaffung der Schule, sondern die Abschaffung alter Schulsysteme und -inhalte hin zur Umorientierung neuer zeitgemäßer Schulsysteme und -inhalte bewirken. Dabei muss endlich eine zeitgemäße Sprach- und Lernumgebung und die damit verbundene Haltung zum jungen Menschen in den Fokus gerückt werden.

PLÄDOYER

Beginnen wir mit dem Subjekt, dem Vorwürfe ge-
macht werden, hier dem Staat.

Wer und was ist der Staat?

Abgesehen von wissenschaftlichen Theorien und Kri-
tiken sind bis zur endgültigen Klärung in einfacher
Art und Weise erklärt die Merkmale eines Staates ein
Staatsgebiet, ein Staatsvolk und eine Staatsmacht.

Da in der Bundesrepublik Deutschland die Macht
vom Volke ausgeht, die über gewählte Volksvertreter
schlussendlich in einer parlamentarischen Demokra-

tie ausgeübt wird, ist mit Staat hier dem Grunde nach wir Bürger gemeint.

Wir Bürger, also die Wahlberechtigten, sind der Staat.

Und der Staat, also wir Bürger, haben mit unserer Staatsmacht nicht nur Rechte, sondern auch Pflichten besonders gegenüber den nicht Wahlberechtigten. Das wären u.a. junge Menschen, die auf unserem Staatsgebiet leben. Bei unserer Pflicht spielt die Volkszugehörigkeit des jungen Menschen keine Rolle.

Und somit kommen wir zum ersten Punkt: Die deutsche Sprache in den Schulen

Derzeit leben im Durchschnitt gut 70 % junge Menschen mit deutschsprachiger Familie und 30 % junge Menschen mit fremdsprachiger Familie in Deutschland.

Zum Vergleich: Als dem Staat das Grundrecht auf Aufsicht über das gesamte Schulwesen vor mehr als 70 Jahren eingeräumt wurde, lebten etwa 92 % junge Menschen mit deutschsprachiger Familie und etwa 8% junge Menschen mit fremdsprachiger Familie in Deutschland.

Die deutsche Sprache hat sich in den letzten 70 Jahren durch kontinuierlichen Bildungs- und damit Wissenszuwachs erheblich weiter entwickelt, insbesondere auch in den schulischen Anforderungen wie Deutsch und Mathematik.

Schauen wir uns heute Filme und Vorträge aus den Jahren 1949-1975 an, so wird man bemerken, wie viel einfacher und für uns heute viel leichter verständlich damals die Sprache war.

Heute ist unsere deutsche Sprache viel umfangreicher und ins kleinste Detail besser beschreibend. Darauf sind wir sehr stolz und bezeichnen es liebevoll als unsere Werte oder auch Leitkultur.

Bei dieser Entwicklung haben wir aber zwei sehr wichtige Faktoren übersehen: Zum einen das Kind selbst und zum anderen die erhebliche Zunahme von jungen Menschen mit fremdsprachigen Eltern.

Der Gesetzgeber hat das bereits erkannt und Rechtsnormen haben und werden bereits Einfache Sprache und Leichte Sprache fordern, um nicht nur für Menschen mit Behinderung sondern insbesondere auch für Menschen mit fremdsprachigen Hintergrund sicherzustellen, seine Rechte und Pflichten besser zu verstehen, in Lehrmaterialien besser den Stoff verstehen, verarbeiten und damit lernen zu können, Teilhabe für alle Menschen zu ermöglichen usw. usf. .

Also ist es u.a. tatsächlich so, dass aufgrund der Änderung des deutschsprachigen und des fremdsprachigen Schüleranteils von damals ca. 8% auf nun inzwischen ca. 30% unser Erziehungs- und Bildungssystem im internationalem Vergleich so schlecht da steht?

So einfach ist das leider nicht! Denn wenn die Erziehungs- und Lehrziele o.g. Entwicklung und Lebenswirklichkeit angepasst worden wären, so ständen wir heute im internationalen Vergleich bereits sehr gut da.

Die Schuld liegt also nicht an der Zuwanderung, sondern an dem Versäumnis, veraltete Erziehungs- und Lehrziele entsprechend anzupassen und bereits kindgerecht formulierte Lehrmaterialien in kindgerechter Sprache zu belassen.

Selbst ich mit einem pädagogischen Studienabschluss verstehe heute kaum noch in Mathematik oder Deutsch die Aufgabenstellungen, die mir von Kindern aus der 4-8 Klasse vorgelegt werden. Oft kann ich ihnen nicht zielsicher helfen und muss selbst raten, was wohl gemeint sein könnte.

Kanada hat genau diese Problematik mit der zu komplizierten Sprache erkannt und Lehrmethoden sowie -materialien entsprechend angepasst. Inzwischen haben in Kanada teilweise Schüler mit weniger Landessprachkenntnisse bessere Schulabschlüsse als Schüler mit Landessprachkenntnisse.

Denn 1 + 2 = 3! Aber Textaufgaben wie ein Apfel und noch zwei Äpfel sind gleich was? Kanada hat deshalb in Mathematik Textaufgaben wieder auf ein Minimum reduziert und damit u.a. die Bildungsergebnisse in Mathematik wesentlich verbessert.

Nun kommen vielleicht Sympathisanten der rechten Parteien auf die Idee, Ausländer sollten dann raus, dann bräuchten wir uns doch nicht anpassen.

Auch das ist zu kurzsichtig. Denn in allen Ländern, wo Bildungs- und somit Wissenszuwachs erreicht wird, nimmt die Geburtenrate ab. Das ist für den nicht größer werdenden Planeten, auf dem wir leben, sogar sehr gut. Für ihn wäre es auf Dauer gut, wenn die Menge an Menschen immer gleich bliebe oder bis zu einem bestimmten Punkt auch wieder zurück ginge. Daher tut Bildung unseren Planeten und letztendlich uns und unserer Natur sehr gut.

Aber diese e.g. gute Entwicklung hätte eben auch zu berücksichtigen, dass eine gewisse sehr lange Zeitphase mehr und mehr alte Menschen den immer weniger jüngeren Menschen gegenüber steht, bis es angenommen zwei alte Menschen zu zwei jungen Menschen sind.

Daher wird es für eine gewisse Zeit nicht anders funktionieren, als Zuwanderung von ausländischen Arbeitskräften zuzulassen, um die o.g. lange Zeitphase zu kompensieren.

Diese jungen ausländischen Arbeitskräfte werden aber auf die Bedingungen für ihre Kinder an unseren Schulen schauen. Und können das andere Länder wie Kanada besser, so wird Deutschland es schwerer haben, genau diese ausländischen Fachkräfte zu bekommen, die so dringend benötigt werden.

Und Flüchtlinge, die wir schaffen gut auszubilden, werden diese Bildung und vielleicht auch einen Hauch unserer geliebten Demokratie in ihre Länder zurücktragen, was dann auch gut für alle Menschen auf unserem Planeten ist.

Und somit kommen wir zu zweiten Punkt, unsere geliebte Demokratie:

Demokratie, also bei uns die Macht oder Herrschaft des Volkes über das Volk, wird inzwischen in allen möglichen Zusammenhängen so verfrühstückt, sodass wir es nicht mehr hören können noch wollen.

Das fängt an bei demokratische Schule, demokratische Politiker, demokratische Menschen, demokratische Werte, demokratische Leitkultur, demokratisches Dies und demokratisches Das.

Um so reicher unser deutscher Wortschatz an Wortkombinationen wird, um so schlampiger wird unser Blick auf Wortmerkmal und Wortbedeutung und um so überdrüssiger unser Bedürfnis, es noch haben zu wollen. Man kann es vergleichen mit etwas zu viel von etwas gegessen zu haben, irgendwann kann man nicht mehr.

Und genau dieser Überdruss hat wohl zur Abneigung und somit Unwichtigkeit der Demokratie bei staatlich zugelassenen Lehrkräften an öffentlichen Schulen geführt.

Bei den Zukunftsfähigkeiten ist aus Sicht der Lehrkräfte Demokratieverständnis und -fähigkeit lediglich nur 6% wichtig. (Quelle: Robert Bosch Stiftung, 2024, Deutsches Schulbarometer: Befragung Lehrkräfte. Ergebnisse zur aktuellen Lage an allgemein- und berufsbildenden Schulen)

Für öffentliche Schulen mit deren Lehrkräften ist das eine skandalöse Haltung gegenüber jungen Menschen.

Nehmen wir nun Bezug zu den Beweismitteln, die letzte Pisa-Studie und das letzte Deutsche Schulbarometer:

Die Lehrerverbände spiegeln die Haltung der überwiegenden Lehrerschaft bei der öffentlichen Kritik des PISA-Chef Schleicher bestens wider, als er ihnen vorwarf, noch nicht im 21. Jahrhundert angekommen zu sein: Sie fordern jetzt den Ausstieg Deutschlands aus PISA, um die Problemursache, sich selbst, nicht anerkennen zu müssen.

Ins 21. Jahrhundert anzukommen ist aber grundlegende Voraussetzung dafür, eine weitere Gefährdung unserer Kinder und Jugendlichen abzuwenden.

Die Ausstiegsforderung aus PISA wird u.a. von den betroffenen Lehrerverbänden und ihren Lehrkräften so begründet:

-Die den Lehrkräften vom PISA-Chef zugeschriebene Aufgabe, dass die Schule die Probleme der Gesellschaft lösen solle, könne keine Lehrkraft und keine Schule erfüllen.

-Der PISA-Chef übersehe dabei völlig das Engagement der meisten Lehrkräfte. Neben Unterricht und dessen Vor- und Nachbereitung würden sie viel Zeit investieren und Energie in Kommunikation mit Kindern, Jugendlichen und ihren Eltern, in Fortbildungen, in das eigenständige Erschließen neuer Entwicklungen in ihrem Fach, in das Erlernen und Anwenden neuer Unterrichtstechniken und Medienformen stecken, so in einer Pressemitteilung.

Diese Schutzbehauptung sagt aber nichts darüber aus, mit welcher inneren Haltung und Überzeugung die Lehrkräfte e.g. Zeit und Energie investierten. Es kommt eben nicht auf Quantität, sondern auf Qualität an.

Daher stimme ich Herrn Schleicher absolut zu, dass man sich prinzipiell mit dem Lehrerberuf befassen muss.

War früher Wissensvermittlung quantitativ aufgrund fehlender Zugänge zu Wissen notwendig, so werden wir heute aufgrund der Entwicklung von elektronischen Medien, ChatGPT, Selbstverlagen, Selbstdarstellungsmöglichkeiten in Youtube, Tiktok usw. mit nützlichen und nutzlosem Wissen regelrecht zugemüllt.

Heute im 21. Jahrhundert angekommen ist es daher eher notwendig zu lernen, wie man lernt, wo man Wissen abrufen kann und wie man unnützes Wissen von nützlichem Wissen unterscheiden kann.

Der Netzlehrer und Oberstudienrat Bob Blume hat dies bereits erkannt und eine Klassenarbeit mit Hilfe von ChatGPT schreiben lassen, wo es genau darum geht, der Künstlichen Intelligenz die Fragen, Prompts genannt, so zu formulieren und weiter zu formulieren, sodass das Ergebnis der Fragestellung ein Resultat ergibt, welches dann mit einer Schulnote bewertet wird.

Es wird also zukünftig wichtiger sein, Wissen nicht mehr auswendig zu lernen, sondern vorher zu wissen, was ich wissen will, dementsprechend die Fragestellung formulieren zu können und dann zu entscheiden, inwieweit das angebotene Wissen glaubwürdig und sinnvoll erscheint und aus welchen Quellen es sich bedient hat.

Wir erinnern uns? Große Banken zahlen angeworbenen Software-Hackern weitaus mehr Geld dafür, ihr System zu knacken und damit Schwachstellen aufzudecken als ihren Programmierern und angestellten Bankkaufleuten.

Die Lehrpläne sind deutlich überfrachtet. So bleibt das Lernen häufig oberflächlich. Unsere Schüler können Wissen gut reproduzieren, aber oft nicht eigenständig auf neue Zusammenhänge übertragen, so der PISA-Chef weiter.

Auch das Deutsches Schulbarometer 2024: Befragung Lehrkräfte. Ergebnisse zur aktuellen Lage an allgemein- und berufsbildenden Schulen der Robert Bosch Stiftung nimmt kein Blatt mehr vor den Mund und attestiert ähnlich der PISA-Studie den erheblichen Mangel an Haltung und Selbstreflektion der Lehrkräfte gegenüber jungen Menschen, deren Eltern und Menschen mit Lernschwierigkeiten. Die Stiftung gibt folgende Handlungsempfehlungen ab:

„Im Vergleich mit internationalen Erhebungen sind unsere Lehrkräfte noch zu sehr auf sich selbst fokussiert. Dass aktive Netzwerkarbeit in vielfältiger Weise Schulentwicklung befördert, ist inzwischen wissenschaftlich anerkannt.

Im internationalen Vergleich schätzen sich die deutschen Lehrkräfte hier sowohl kollegial als auch im Hinblick auf Schüler:innen und Eltern deutlich zu-

Wir leben in einer super diversen Gesellschaft. Die Grenzen, die einst nach kultureller und religiöser Herkunft gezogen wurden, verschwimmen von Tag zu Tag mehr. In Deutschland leben mittlerweile Deutsche mit Einwanderungsgeschichte in der vierten oder sogar fünften Generation. Dazu kommen neu Zugewanderte und auch Menschen, die aus ihrem Land flüchten mussten.

Es gibt inzwischen eine Vielzahl von Familienformen: in Partnerschaft lebende, Alleinerziehende, Patchwork-Familien und viele mehr. Die Schere zwischen den sozialen Schichten geht in Deutschland immer weiter auseinander; Armut und Reichtum hat sich über Generationen verfestigt. Wir haben unterschiedliche Talente und auch Schwächen. All das wird an kaum einem anderen Ort sichtbarer als in Bildungseinrichtungen und erfordert daher ein inklusives Bildungsverständnis:

„Inklusive Bildung rückt die unterschiedlichen Bedürfnisse aller Lernenden in den Mittelpunkt und begreift Vielfalt als Chance für Lern- und Bildungsprozesse. Sie ist Voraussetzung für ein friedliches und soziales Miteinander. In einer humanen Gesellschaft erfährt jeder Mensch mit seinen individuellen Eigenschaften, Interessen und Bedürfnissen Anerkennung und Wertschätzung und erhält die Chance auf gesellschaftliche Teilhabe. Jede Form der Exklusion wirkt einem friedlichen, sozialen und humanen Zusammenleben entgegen. Inklusive Bildung ist daher ein wichtiger Baustein für die Entwicklung einer Gesellschaft,

in der in dieser Weise Vielfalt gelebt und jedem Menschen die Chance auf Teilhabe gewährt wird."

(Quelle: https://www.unesco.de/bildung/inklusive-bildung)

Schule ist der Ort, in dem Gesellschaft erfahrbar wird. Empathie, Toleranz, Respekt und Demokratie sind unsere gesellschaftlichen Werte, die in Schule gelebt werden müssen. Hier wird ein Widerspruch sichtbar, wenn Lehrkräfte homogenere Klassen und mehr Selektion fordern. Wenn wir unseren Kindern und Jugendlichen unsere gesellschaftlichen Werte vermitteln wollen, dann ist es eine Selbstverständlichkeit, dass alle Menschen in Deutschland dazugehören.

In den kommenden 10 Jahren werden die Rahmenbedingungen durch den dramatischen Lehrkräftemangel noch schlechter werden, wir müssen nun an allen möglichen Stellschrauben drehen, um die Bildungskrise bestmöglich abzufedern. Dafür braucht es jetzt ein Sondervermögen für Bildung, um die äußeren Missstände angehen zu können, um den Arbeitsplatz Schule attraktiv zu machen und um unser Schulsystem zukunftsfähig zu gestalten. Wir müssen nun folgende Veränderungen angehen:

1. Haltung ändern:

Wir leben in einer super diversen Gesellschaft!

Das deutsche Schulsystem ist wie kaum ein anderes im internationalen Vergleich auf Selektion, Homogenität und Wettbewerb ausgelegt. Der Bildungserfolg hängt auch nach 20 Jahren PISA-Schock unverändert von der sozialen Herkunft ab. Die Lösung kann in einer super diversen Gesellschaft nicht sein, Schüler:innen noch mehr zu selektieren. Je länger man darauf beharrt, das alte System aufrechtzuerhalten, desto größer wird der Veränderungsdruck.

Im diesjährigen Schulbarometer sehen wir den enormen Handlungsdruck in der Schule sehr deutlich. Lehrkräfte fühlen sich auf einen inklusiven Unterricht nicht gut vorbereitet und fühlen sich auch im schulischen Alltag damit überfordert. Infolgedessen stehen sie einer inklusiven Bildung kritisch gegenüber. Wir sehen aber auch, je besser Lehrkräfte für einen inklusiven Unterricht qualifiziert werden, desto positiver sind sie einer inklusiven Beschulung gegenüber eingestellt. Die besten Schulen, national wie international, haben Heterogenität und Inklusion längst als Chance begriffen und Strukturen entwickelt, in denen alle Schüler:innen individuell gefördert und gestärkt werden.

2. Vision entwickeln:

Wir müssen das Erreichen der Regelstandards sichern!

In Grundschulen sind die Herausforderungen besonders groß: Hier gibt es den größten Personalmangel und die Lehrkräfte benötigen viel Zeit für die Beziehungsarbeit mit ihren jungen Lernenden. Wir brauchen hier die besten Voraussetzungen, damit wir an diesem frühen und entscheidenden Punkt der Bildungslaufbahn kein Kind verlieren. Unsere gemeinsame Vision sollte sein: Jedes Kind muss nach der Grundschulzeit die Regelstandards für die Basiskompetenzen Lesen, Schreiben und Rechnen erreichen. Dafür brauchen wir einen ausreichenden Personal-

*schlüssel, genügend und gut ausgestattete Räume so-
wie sehr gute Förderangebote in Umfang und Qualität für einen inklusiven Unterricht. Um diese Vision
zu erreichen, brauchen wir aber auch mehr Flexibili-
tät in Bezug auf die Verweildauer an Grundschulen.*

3. Unterrichtsqualität verbessern:

Wir brauchen systematische Fortbildungen und eine

positive Feedbackkultur!

*Die Daten zeigen deutlich, dass wir sowohl ein Quali-
fizierungs- als auch ein Feedbackproblem haben. Für
einen inklusiven und digitalen Unterricht, der die unterschiedlichen Bedürfnisse aller Lernenden berück-
sichtigt, braucht es qualitätsvolle und systematisch
aufeinander aufbauende Fortbildungen für Lehrkräfte. Doch Lehrkräfte in Deutschland besuchen im internationalen Vergleich weit weniger Fortbildungen
vor allem zum Thema individualisierter Unterricht.
Und wir sehen, dass trotz vieler Fortbildungen zu digitalen Medien im letzten Jahr sich die Hälfte der
Lehrkräfte weiterhin nicht gut auf den Einsatz von digitalen Medien vorbereitet fühlt. Im Vergleich mit internationalen Erhebungen sind unsere Lehrkräfte
noch zu sehr auf sich selbst fokussiert.*

*Dass aktive Netzwerkarbeit in vielfältiger Weise
Schulentwicklung befördert, ist inzwischen wissenschaftlich anerkannt. Im internationalen Vergleichs-
chätzen sich die deutschen Lehrkräfte hier sowohl
kollegial wie auch im Hinblick auf Schüler:innen und
Eltern deutlich zurückhaltender ein. Für eine konti-
nuierliche Unterrichtsentwicklung brauchen Lehrkräfte zudem systematisches Feedback, das fest in
der Schulgemeinschaft verankert werden muss.*

Dazu gehören Rückmeldungen von Schüler:innen sowie Hospitationen durch Kolleg:innen und der Schulleitung. Notwendige Voraussetzung dafür ist eine positive Feedbackkultur. Dadurch kann es gelingen, die Unterrichtsmaterialien sowie die Qualität an Förderangeboten für eine inklusive Bildung zu verbessern.

Die Ergebnisse zeigen die dramatischen Auswirkungen der Bildungskrise in den Schulen. Wenn wir an der Verbesserung der Unterrichtsqualität ansetzen und damit den unterschiedlichen Bedürfnissen aller Lernenden gerecht werden, kann es uns gelingen, eine Positivspirale für ein inklusives und damit demokratisches Schulsystem für alle Akteur:innen in Gang zu setzen.“

(Quelle: Seiten 73 - 77, Deutsches Schulbarometer 2024: Befragung Lehrkräfte. Ergebnisse zur aktuellen Lage an allgemein- und berufsbildenden Schulen der Robert Bosch Stiftung)

BEGRÜNDUNG

Die Frage lautet für mich: Welche Haltung bin ich bereit einzunehmen, kann ich dies durch Sprache, Tun und Unterlassen gegenüber Schülern und Eltern vorleben und ausdrücken? Kann ich das durchhalten, kann ich mir selbst dabei treu bleiben?

Gelingt es mir, aus meiner Persönlichkeitsprägung, die mir das durchlaufende Bildungs- und Erziehungssystem angetan hat, heraus zu brechen und "Ja" zum 21. Jahrhundert zu sagen, in dem der junge Mensch Anspruch auf Förderung seiner Entwicklung und Erziehung zu einer selbstbestimmten, eigenverantwortlichen und gemeinschaftsfähigen Persönlichkeit hat?

Kann ich also als abhängig beschäftigte Lehrkraft, zu der ich geworden bin, überhaupt Selbstbestimmung verstehen, vorleben und im Sinne einer kindgerechten Entwicklung sprachlich und durch mein Tun und

Unterlassen zu meinem Schutzbefohlenen glaubhaft transportieren?

Kann ich den jungen Menschen aus seiner ihm von mir unterstellten Abhängigkeit altersgerecht als eigenverantwortliche Persönlichkeit sehen, die ich Schritt für Schritt im Zuge von Mitsprache beteiligend in seiner Entwicklung zur Selbstbestimmung und Eigenverantwortung begleite?

Der Weg dahin ist so schmerzvoll, so selbstzerstörend für unsere Lehrkräfte, die selbst durch dieses Bildungssystem geprägt worden sind.

An meinem Institut für entwicklungsfördernde Kommunikation mit jungen Menschen sehe ich mehr als die Hälfte der Interessierten genau an diesem Punkt angelangt scheitern.

Es müssen eigen geglaubte, aber fremde Werte über Bord geworfen werden, um an eine Haltung zu gelangen, Selbstbestimmung zu erkennen, zu ertragen und zu verstehen. Selbstbestimmung, die durch das Erziehungs- und Bildungssystem in ihrer eigenen Kindheit systematisch zerstört wurde.

Der Schmerz scheint unerträglich, wenn man begreift, was man von Geburt an mitgebracht hat, was systematisch für fremde Werte zerstört wurde und nun neu erlernt werden muss, weil es im 21. Jahrhundert eben nicht mehr zerstört werden darf, sondern gefördert und begleitet werden soll.

Der Schmerz wird dann noch unerträglicher, wenn man begreift, was man in den jungen Menschen bisher zerstört hat. Die Scham wird unerträglich und man möchte nur noch schreien.

Aber damit nicht genug. Nun wird einem auch noch bewusst, wie man mit den Eltern der Kinder, die eigentlich die Experten ihrer Kinder sind, umgegangen ist. Nun wird klar, warum die Eltern wütend und völlig unverständlich das Lehrer-Elterngespräch verlassen haben.

Und der ganze Mob an Elternzusammenschlüsse, der Sturm gegen Besserwisserei der Lehrer und Erzieher gelaufen ist, kann plötzlich nachvollzogen werden.

Wer jetzt immer noch glaubt, das deutsche Erziehungs- und Bildungssystem mit seinen Fachkräften könne sich alleine aus eigener Kraft in einer Erziehungs- und Bildungswelt des 21. Jahrhunderts einfinden und einrichten, der hebe hier im Saal die Hand!

Ich sehe, kein Mensch glaubt das wirklich.

Aber genau das glaubt der Lehrerverband in Vertretung seiner Lehrkräfte.

Trotz wissenschaftlich fundierter Beweise.

Trotz einer Verdummung unserer Schüler.

Trotz massenhafter Flucht von Eltern in private Schul- und Erziehungsangebote mit ihren Kindern.

Trotz immer mehr psychisch bedingter Krankheitsausfälle in der Lehrerschaft.

Trotz immer mehr Kündigungen von Lehrern.

Trotz immer mehr Abwanderung von Lehrkräften an private Anstalten.

Ich bin daher der Überzeugung, dass ohne erhebliches Mitrederecht der Kinder und Jugendlichen, dass ohne erhebliches Mitspracherecht der Eltern und Beteiligung von Erziehungswissenschaftlern die Gefährdung der geistigen, seelischen und körperlichen Entwicklung junger Menschen in unseren öffentlichen Schulen, ugs. Staatsschulen, nicht mehr abgewendet werden kann!

LÖSUNGSIDEEN

Sollte dem Staat sein Grundrecht gemäß Artikel 7 unseres Grundgesetzes auf Aufsicht über das gesamte Schulwesen erhalten bleiben?

Was ist notwendig, dass Lehrziele und Einrichtungen sowie die wissenschaftliche Ausbildung der Lehrkräfte öffentlicher Schulen nicht hinter einer zeitgemäßen, gesellschaftsnotwendigen, kind- und jugendgerechten Art und Weise zurückstehen und eine Sonderung der Schüler nach dem Bildungsbesitz der Eltern nicht gefördert wird?

Sind öffentliche Schulen und ihre Lehrkräfte in der Lage, die in der Gesamtbetrachtung in den Raum gestellte erhebliche Gefährdung junger Menschen in ihrer geistigen, seelischen und körperlichen Entwicklung noch abzuwenden?

Welche Anforderungen müsste der Staat zukünftig erfüllen, damit der Staat weiterhin seiner Aufsicht über das gesamte Schulwesen nachkommen kann?

Oder sollten öffentliche Schulen und deren Lehrkräfte abgeschafft werden, weil mit ziemlicher Wahrscheinlichkeit auch zukünftig davon ausgegangen werden muss, dass diese nicht in die Lage versetzt werden können, die Gefahr der erheblichen Gefährdung junger Menschen in ihrer geistigen, seelischen und körperlichen Entwicklung dauerhaft abzuwenden?

Wie sollte dann der Entzug seines Grundrechtes erfolgen?

Ein JA zum Grundrecht des Staates auf Aufsicht über das gesamte Schulwesen sehe ich als gegeben, wenn man endlich auch beginnt, Aufsicht nicht damit zu verwechseln, Schulen auch selbst betreiben zu müssen. Hier muss endlich eine Gewaltenteilung herbei geführt werden.

Öffentliche Schulen, ugs. Staatsschulen, zu betreiben und dann auch noch selbst zu beaufsichtigen schließen sich miteinander aus, das funktioniert nicht, wie wir nun nach 40 Jahren erkennbar spüren und erleben können.

Private Schulen, insbesondere Reformschulen, sind inzwischen weitaus besser zeitgemäß aufgestellt als Staatsschulen. Es ist eine regelrechte Flucht von mehr und mehr Familien mit ihren Kindern sowie auch pädagogischen Personal in private Erziehungs- und Bildungsstätten zu verzeichnen. In der Landeshauptstadt Stuttgart wurde mir bekannt, dass Neugründungen von privaten Schulen sogar mit unlauteren Mitteln regelrecht be- und verhindert werden aus der Sorge heraus, noch mehr Personal, welches jetzt schon bereit in den staatseigenen Anstalten fehlt, an neu entstehende private Schulen verlieren zu können.

Und es klingt inzwischen wie ein Hohn, wenn der Gesetzgeber der Länder zur Errichtung und Betreiben einer privaten Schule vorschreibt, dass diese mindestens den Standard öffentlicher Schulen nicht nachstehen dürften. Inzwischen sollten die Kultusminister anfangen darüber nachzudenken, ob ihre Einrichtungen überhaupt noch den Standard zeitgemäß einhalten und eher die öffentlichen Schulen sich an den privaten Einrichtungen orientieren sollten.

Ein Lösungsansatz wäre daher, mehr private Schulen in jeglicher Hinsicht zu fördern und beispielsweise für jeweils fünf Lehrkräfte eine Lehrkraft mit beiden Staatsexamen als staatlich Fachaufsicht zu installieren. Lehrziele müssen weiterhin vorgegeben werden, aber Art und Weise der Vermittlung den Lehrkräften überlassen werden. So könnten Lehrkräfte leistungsgerecht beurteilt und auch bezahlt werden. Das würde zum einen für allgemeine Lehrkräfte den Beruf attraktiver werden lassen. Die Ausbildungszeit würde sich erheblich verkürzen. Quereinstiege würden erheblich erleichtert werden. Der Mangel an Lehrpersonal würde so effektiver abgebaut werden. Bildungsangebote könnten zeitgemäßer gestaltet werden. Sorgeberechtigten muss dann auch in privaten Einrichtungen gesetzliche Mitwirkungspflicht eingeräumt werden (Elternbeiräte).

Abschlussprüfungen wie Hauptschule, Realschule, Fachabitur, Abitur, Staatsexamen für Lehr- und Erziehungsberufe usw. sollten ähnlich wie bei IHK und Handwerkskammer nicht mehr an den Anstalten selbst, sondern bei externen staatlichen Prüfungsanstalten abgelegt werden. Von diesen sollen auch die Lernzielvorgaben kommen. Diese Prüfungsanstalten sollten mit Bildungs- und Erziehungswissenschaftlern besetzt und mit Studien befassten Trägern gut vernetzt sein, um die aktuell gesellschaftsnotwendigen Lernziele erkennen und in Lehr- und Erziehungspläne hoch gewichtet einfließen lassen zu können.

Aufgrund des Mobilitätsanspruchs der Arbeitsmarktpolitik sollten die Länder auch die Einsicht und Vernunft zeigen, Lerninhalte einheitlich zuzulassen und die Hoheit darüber dem Bund abzugeben. Denn Wettbewerb auf dem Rücken der jungen Menschen und zum Nachteil mobiler junger Menschen gefährden die berufliche Förderung erheblich. Ein einheitlicher Bildungsstandard ermöglicht Berufsorientierung mobiler und unterstützt Ausbildungsbetriebe, Fachhochschulen und Universitäten von Anfang an bei der Aufnahme junger Menschen.

Lernangebote zur Wiederholung sollten digitalisiert werden. Denn mit einem Videoangebot über beispielsweise Prozentrechnung, was der Schüler immer wieder selbstbestimmt ablaufen, anhalten oder zurückspulen kann, werden Lehrkräfte entlastet und Schüler entsprechend ihrer Begabung individueller gefördert.

Schüler in Ganztagsschulen sollten ihre Hausaufgaben dort erledigen und nicht mehr anschließend daheim machen müssen, wo oft die Lernvoraussetzungen nicht gegeben sind. Deswegen wurden ja auch Ganztagsschulen beworben und eingeführt.

Lernstoff sollte entschlackt werden. Der Schulabgänger von Haupt- und Realschule sollte zukünftig wissen, wie man lernt und wo man sich Wissen beschaffen kann. Er benötigt lediglich eine Grundbildung wie Lesen, Rechnen, Schreiben und einen Überblick in den anderen Fächern. Die anschließenden Ausbildungs- oder Lehrbetriebe wie Gymnasium und Universitäten stehen in der Pflicht, dann auf dieser Grundbildung aufbauend ihren Bedarf selbst weiter zu entwickeln und zu lehren. Die Haltung insbesondere der Wirtschaft, soviel Bildungsvorarbeit abzuschöpfen, um selbst bei der Weiterbildung Kosten einzusparen, muss besser erkannt und abgewehrt werden. Ein zukünftiger Finanzwirt benötigt beim Finanzamt keine tiefen Kenntnisse in Chemie, Biologie, Physik u.ä. und ein Mechatroniker kein tiefgreifendes

Wissen über Versicherungsverträge oder Finanzierungspläne, so wie sich das die Wirtschaft oft vorstellt und immer wieder versucht, in die Lehrpläne ihre Vorstellungen ein- und unterzubringen.

Bei der Bewertung junger Menschen mit Schulnoten sollte der Unterschied von Begabung und Leistung Anerkenntnis finden. Die Schulnote sollte ausschließlich nur den Zweck erfüllen, eine Orientierung zu geben, welcher Bildungsweg anschließend zielführend und auch förderlich ist. In dieser Frage ist es egal ob im beruflichen oder weiterbildenden Kontext eine Orientierung erfolgt.

Leistung hat nichts mit Begabung zu tun. Wenn ein Schüler äußerst viel für eine guten Schulnote lernen muss und einem anderen Schüler die gleiche Schulnote ohne viel Aufwand erteilt wird, so hat das absolut nichts mit Leistung zu tun, sondern mit Begabung. Denn der Schüler, der äußerst viel für die gute Schulnote lernen musste hat weitaus mehr Leistung erbracht als der Schüler mit Begabung. Das spiegeln die bisherige Schulnoten aber nicht wider, wenn man wie bisher davon ausgeht, Schulnoten hätten etwas mit Leistung zu tun.

Auch Ausbilder haben das erkannt und schauen sich immer weniger die Schulnoten an, sondern machen ihre eigenen Persönlichkeitstest mit ihren jungen Bewerbern. Denn Schüler, die nur für den besten Schulnoten gelernt haben können ihr Wissen oft nicht in der Praxis anwenden. Das Gefühl, nichts fürs Leben in der Schule gelernt zu haben drückt sich damit genauso aus. Es ist ein Ausdruck für ein überholtes System. Wir brauchen eine vernünftige Methode der Leistungsmessung. Die Schüler brauchen eine Rückmeldung. Aber diese Rückmeldung muss transparent, sie muss hilfreich sein. Was passiert denn, wenn jemand ein Diktat zurückbekommt mit einer Fünf. Wird der Schüler daraufhin irgendetwas ändern? Dem Schüler gibt das doch nur die Bestätigung, dass er es eben nicht kann. Eine Entwicklungsaussage ist nicht getroffen. Und mit diesem krankmachenden, desaströsen Selbstwertgefühl werden Schüler zurück gelassen.

In einer Wissensgesellschaft im 21. Jahrhundert wie unsrige, in welcher man mit Wissen über moderne Medien regelrecht überschüttet wird, verlangt von Persönlichkeiten zu lernen, wie man lernt, wo man bei Bedarf Wissen findet, nachschlagen, nachlesen und in die Tat dann auch umsetzen kann.

Und im Zeitalter von künstlicher Intelligenz ist es wichtig, selbstbestimmtes Lernen zu lernen, um sich künstlicher Intelligenz bedienen statt sich von ihr abhängig zu machen. Und Gleiches gilt ebenso, um dem bereits begonnenen Wandel des Arbeitsmarktes weg von Abhängigkeit hin zu Selbständigkeit, zu einem sich mehr und mehr zu verstehenden Auftragsmarkt noch gerecht werden zu können.

Denn abhängige Beschäftigung und aufgeklärte, gut gebildete und selbstbestimmt denkende Erwerbstätige passen nicht mehr zusammen. Der Arbeitsmarkt wird sich zu einem Auftragsmarkt ändern. Das muss er auch, um nicht irgendwann abhängiger Beschäftigter einer künstlichen Intelligenz zu werden, die zukünftig absehbar mehr und mehr automatisierte Führungsaufgaben in Betriebsstätten übernehmen wird.

Auch muss das Bildungs- und Erziehungssystem von seiner Haltung abkommen, Armut bedeute kognitive Einschränkung (Bildungsferne). Es ist mir schleierhaft, wie man Armut und Bildungsferne miteinander verbinden konnte. Grade schlecht bezahlte Menschen in Sozialberufen sind von Armut betroffen, deswegen aber noch lange nicht bildungsfern.

Es mag ja sein, dass Statistiken zeigen, dass viele arme Menschen auch bildungsfern sind, aber bitte nun mal vernünftig bleiben:

Im Jahr 2021 galten in Deutschland 8 Prozent der Bevölkerung als einkommensreich und 17,8 Prozent hingegen als einkommensarm. Ende 2022 besaß 1,1 Prozent der Weltbevölkerung rund 45,8 Prozent des weltweiten Vermögen. Rund 52,5 Prozent der Weltbevölkerung besaßen hingegen lediglich 1,2 Prozent des weltweiten Vermögens.

Daraus resultierend würde die bisherige Haltung, Armut wäre mit Bildungsferne vergleichbar, bedeuten, dass nur 1,1 Prozent der Bevölkerung eher bildungsnah und der Rest bildungsschwach bis bildungsfern sei?

Es nützt also nichts, viel Geld in Schulgebäude, Lehrmaterial und Personal zu stecken, denn Haltung lässt sich nicht mit Geld bezahlen.

Das wichtigste Werkzeug des pädagogischen Berufsträgers ist die sprachliche Kommunikation.

Deshalb sollten sich junge Menschen und ihre Eltern dafür einsetzen, dass zukünftig in Erziehungs- und Bildungsstätten wie Kindergärten und Schulen ein neuer Kommunikationsstandard eingeführt wird, an päd. Fach(hoch)schulen gelehrt sowie nach und nach als Haltung in der pädagogischen Arbeit gefestigt wird.

Dieser Kommunikationsstandard soll dem gesetzlichen Anspruch junger Menschen von 0 bis 27 Jahre auf Förderung ihrer Entwicklung und Erziehung zu einer selbstbestimmten, eigenverantwortlichen und gemeinschaftsfähigen Persönlichkeit entsprechen.

Dieser Kommunikationsstandard soll die Kommunikationskultur im Kollegium und das Führungsverständnis der Schulleitungen fördern, das Lehrkräften und Erzieher auch ein Gefühl der Sicherheit und eine offene Kommunikation ermöglicht.

Dieser Kommunikationsstandard soll die Haltung in der pädagogischen Arbeit dazu führen lassen, dass Kinder und Jugendliche eine Sprach- und Lernumgebung vorfinden, die von vorgelebter Selbstbestimmung, Eigenverantwortung und Gemeinschaftsfähigkeit geprägt ist.

Beispiele für entsprechende Kommunikationskonzepte habe ich publiziert, in Kaptitel 6 sind meine Veröffentlichungen aufgelistet.

Haltung des pädagogischen Fach- und Lehrpersonals lässt sich nur durch konsequentes Vorgehen der jungen Menschen und ihren Familienangehörigen, insbesondere der Eltern, ändern, indem vom Fach- und Lehrpersonal eine Haltungsänderung gegenüber jungen Menschen abverlangt wird.

Ändert sich die Haltung, werden sich auch Lernräume, Sprachräume und Inhalte in Kindergärten und Schulen so ändern, dass Bildung und Erziehung in der Bundesrepublik Deutschland zeitgemäß erfolgreich werden.

In der Erziehungs- und Bildungsarbeit sowie Bildungspolitik haben wir schon lange kein Erkenntnisproblem mehr, sondern ein Umsetzungsproblem. Denn der gesetzliche Rahmen wurde zum Januar 2022 in Kraft gesetzt und somit geschaffen.

Jeder junge Mensch hat ein Recht auf Förderung seiner Entwicklung und auf Erziehung zu einer selbstbestimmten (neu seit 2022), eigenverantwortlichen und gemeinschaftsfähigen Persönlichkeit. Ein junger Mensch ist, wer noch nicht 27 Jahre alt ist. [sinngemäß aus dem Sozialgesetzbuch (SGB) - Achtes Buch (VIII) - Kinder- und Jugendhilfe - § 1 Absatz 1 und § 7 Absatz 1 Nr. 1-4].

Das ist die Persönlichkeitsnorm, die das Erziehungs-
und Bildungssystem hervorbringen soll. Das ist die
Persönlichkeitsnorm, die der Arbeitsmarkt zukünftig
zu erwarten hat. Das ist die Persönlichkeitsnorm, die
unseren Staat dann ausmacht. Das ist die Persönlichkeitsnorm, die zeitgemäß den Rechtsstaat verkör-
pert.

Die Argumentation der Schulen ist, das Sozialgesetzbuch 8 beträfe sie nicht, sondern nur Einrichtungen
vor der Schule. Das ist so erst mal richtig. Aber(!)
wenn dieser Anspruch gefährdet ist, erfolgt der
Rückschluss immer wieder auf genau diese Persönlichkeitsnorm gesetzesübergreifend zurück. Zum Bei-
spiel wenn der Schüler der Schule unentschuldigt
fern bleibt, er überfordert wird oder seine Entwicklung gefährdet ist. Und das sehe ich in diesem Fall
beim jetzigen Bildungssystem als gegeben.

Und dieses Recht können nur junge Menschen und
deren Eltern und Familien einfordern, weil das Bil-
dungs- und Erziehungssystem in seiner steckenden
Befangenheit nicht aus sich heraus allein die Reform
anstoßen wird.

Junge Menschen werden sich zur Wehr setzen müssen, wenn sie Veränderung wollen. Eltern haben sogar die Pflicht, die erhebliche Gefährdung ihrer Kinder in deren geistigen, seelischen und körperlichen
Entwicklung abzuwenden.

Schulbesuch ist Pflicht. In Schulgebäuden oder auf dem Gelände des Schulbetriebes sind Streiks oder Sitzstreiks oder ähnliches vorstellbar. Die jungen Menschen könnten mit Nahrungsmitteln und Übernachtungsmaterialien von ihren Familien beliefert und versorgt werden.

Eltern haben das Recht, über ihre Elternvertreter (Elternbeirat) massiven Druck auf die Schulleitungen und Pädagogen auszuüben und eine Haltungsänderung einzufordern.

Denn das Sorgerecht endet nicht vor dem Schulgelände, sondern reicht gesetzlich verankert über die Elternvertreter in den Schulbetrieb und Bildungsangebot direkt hinein.

Demonstrationen in den Landtag und in die Kultusministerien heran und auch hinein würden den Entscheidern bewusst machen, wer der Souverän ist und wem der Staat zu dienen, wen und was er zu fördern hat.

Schülervertreter sollen ihr Mitrederecht einfordern und verlangen, dass jungen Menschen endlich zugehört wird. Denn sie sind die Experten, wenn es darum geht, was fürs Lernen und eine gute Bindung zum Personal notwendig ist.

NACHWORT

Ich kann es nicht besser (be)schreibend zusammen-
fassen wie der Autor Gerd Hepp:

*"Über den vergleichsweise größten bildungspoliti-
schen Einfluss verfügen zweifelsohne die Eltern. Ihnen steht laut Grundgesetz (Art. 6 Abs. 2 GG [Link:
https://www.bpb.de/themen/menschenrechte/grund-
gesetz/44187/i-die-grundrechte/#page-Art. 6 Abs. 2
GG]) die Erziehung ihrer Kinder als ein natürliches
Recht zu, weshalb die staatliche Schulaufsicht die el-
terlichen Erziehungsvorstellungen auch in der Schule
zu beachten hat. Hieraus resultierende Konflikte haben in der Vergangenheit immer wieder zu Elternkla-
gen vor den Gerichten geführt, wobei Eltern in nicht
wenigen Fällen in der Auseinandersetzung mit der
Schulverwaltung auf juristischem Wege schulpolitische Korrekturen erzwingen konnten.*

*Die Eltern haben zudem einen gesetzlichen Anspruch
darauf, dass ihre Interessen in der einzelnen Schule
vertreten werden. Die Mitwirkungsrechte der Eltern-*

*vertretungen werden in den Schulgesetzen der Län-
der geregelt. Von Belang für die Schulpolitik sind die
jeweiligen Landeselternvertretungen, die auf dem
Delegationsprinzip basieren (ausgenommen Bayern
und Nordrhein-Westfalen). Sie haben in zentralen
Fragen, insbesondere bei den Bildungs- und Lehrplä-
nen, gegenüber der Kultusbürokratie ein Mitwir-
kungsrecht. Allerdings handelt es sich hierbei um rei-
ne Informations-, Anhörungs- und Beratungsrechte,
deren politische Reichweite somit sehr begrenzt
bleibt. Lediglich in Hessen räumt die Landesverfas-
sung (Art. 56, Abs. 6) dem Landeselternbeirat ein be-
schränktes Mitbestimmungsrecht ein. Ansonsten können die Eltern nur über private Initiativen, Vereine
oder Verbände ihren schulpolitischen Anliegen öf-
fentliches Gehör verschaffen. Deshalb gründeten sie
den Bundeselternrat, eine Arbeitsgemeinschaft der
öffentlich-rechtlich wie privat-rechtlich organisierten
Elternvertretungen. Zudem entstanden verschiedene
konfessionelle und nicht-konfessionsgebundene El-
ternverbände.*

*Eine nennenswerte politische Mobilisierung der El-
ternschaft gelingt in der Regel aber nur dort, wo
schulpolitische Konflikte für mediale Schlagzeilen
und landesweite Aufmerksamkeit sorgen. Insbesondere vor Landtagswahlen können diese ins öffentliche Rampenlicht rücken und unter Umständen sogar
wahlentscheidend werden. Zwischen den Wahlen
dient vor allem die Einleitung von Volksinitiativen,
die in ein Volksbegehren münden können, einer
schulpolitisch motivierten Elternschaft als Mittel, um
ihre Anliegen auch außerparlamentarisch durchzu-
setzen. Aussicht auf Erfolg haben solche direktdemo-
kratischen Verfahren jedoch nur, wenn sie sich mit
Lehrerverbänden und anderen gesellschaftlichen
Gruppierungen zu breiteren Aktionsbündnissen zu-
sammenfinden und/oder zusätzlich von den oppositio-*

nellen Parteien unterstützt werden. In den letzten Jahren hat die Zahl entsprechender Volksinitiativen, die von der Elternschaft angestoßen wurden, sprunghaft zugenommen.

Zuletzt kam eine solche Volksinitiative 2010 in Hamburg zustande. Dort hatte die schwarz-grüne Landesregierung versucht, das Schulgesetz zu ändern und die Primarschule mit einer gemeinsamen Grundschulzeit von sechs Schuljahren einzuführen. Dieses Reformvorhaben wurde zwar von allen Fraktionen im Landtag unterstützt, stieß in Teilen der Bevölkerung aber auf Widerstand. Eine gut organisierte Elterninitiative rief daraufhin mit Unterstützung der außerparlamentarischen FDP, dem Deutschen Lehrerverband und einigen Wirtschaftsverbänden ein breites Aktionsbündnis zusammen. Mit einem erfolgreichen Volksentscheid setzten sie durch, dass die vierjährige Grundschule, das achtjährige Gymnasium und das freie Elternwahlrecht für die weiterführende Schulen erhalten bleiben." (Quelle: Autor/-in: Gerd Hepp, Nutzer von Bildungseinrichtungen: Schülerinnen und Schüler, Studierende und Eltern | Bildung | bpb.de)

Nicht nur Eltern und Familienangehörige, sondern alle Menschen sollten die Schüler und deren Eltern dabei unterstützen, eine Bildungswende jetzt herbei zu führen.

Denn jungen Menschen von heute werden unsere Entscheider und Lenker von morgen sein. Und wenn wir in Zukunft noch mitreden und teilhaben dürfen, ist die Unterstützung junger Menschen jetzt sofort erforderlich.

Denn es nützt nichts, junge Menschen zu erziehen, sie machen uns sowieso alles nach.

Das heißt, wenn wir sie heute unbeachtet lassen, werden wir morgen die Unbeachteten sein.

Wollen wir das wirklich?

Wollen wir zukünftig so leben?

ÜBER DEN AUTOR

Hartmut Kay Hirsch ist als Kommunikationspädagoge am KommTheo-Institut für entwicklungsfördernde Kommunikation mit jungen Menschen tätig. Seine Schwerpunkte sind Kommunikationstheorie und Erziehungsphilosophie.

An Amtsgerichten und Oberlandesgericht setzte er sich einige Jahre berufsmäßig als Verfahrensbeistand, ugs. Kinder- und Jugendanwalt, sowie pädagogischer Gutachter für die Interessen junger Menschen ein. Dabei ging er gegen öffentlichen Schulen und Jugendamt erfolgreich vor, wenn diese beim gesetzlichen Anspruch junger Menschen auf Förderung ihrer Entwicklung und Erziehung zu einer selbstbestimmten, eigenverantwortlichen und gemeinschaftsfähigen Persönlichkeit versagten.

Im Januar 2018 publizierte er seinen theoretischen Ansatz der Menschenwürdigen Kommunikation und entwickelte darauf aufbauend das Konzept der Menschenwürdig Motivierenden Kommunikation (MMK) für den allgemein täglichen Gebrauch und später die Entwicklungsfördernde Kommunikation mit jungen Menschen (EFK) für den pädagogischen Gebrauch.

Seine Ideen und Lösungsvorschläge werden von der betroffenen Bildungspolitik und vom Bildungs- sowie Erziehungssystem derzeit überwiegend kritisiert und von Eltern, Schülern und Studenten kontrovers diskutiert.

Der Autor ist in seinen philosophischen und ethischen Überlegungen seiner Zeit weit voraus. In der Regel bewahrheiteten sich seine Aussagen erst nach 7 bis 25 Jahren. Das ist der gewichtete Grund dafür, dass er stets über den Verlag BoD Norderstedt publiziert. Er ist davon überzeugt, dass Themen von ihren Lesern gefunden werden sollten statt im Moment der Herausgabe sein Thema dem Leser aufzudrängen und kurze Zeit später das Werk zu verramschen und damit der Bücherwelt und Zweck zu entziehen. Wenn die Zeit dafür reif ist, sollten die Bücher bereits vorhanden und dann auch neu erwerbbar sein. Da dies unter Umständen bis zu 25 Jahre dauern kann, sind ausschließlich die Dienste wie beim BoD Verlag geeignet, seine Bücher auf sehr lange Zeit neu und erwerbbar anzubieten.

Hartmut Kay Hirsch publizierte auf verschiedenen Gebieten und im Kontext Bildung und Erziehung u.a. folgende Sach- und Fachbücher:

Kindespersperspektive als Handlungsgrundlage. BoD, Norderstedt 2015, ISBN 978-3-752-84937-0 [3752849371].

Menschenwürdige Kommunikation - ein theoretischer Ansatz. BoD, Norderstedt 2018, ISBN 978-3-746-05738-5 [3746057388].

Elementare Bausteine menschenwürdiger Kommunikation. BoD, Norderstedt 2018, ISBN 978-3-746-05750-7 [3746057507].

Menschenwürdige Kommunikation in Kindergärten und Schulen - Ideen für erfolgreiche Motivationen. BoD, Norderstedt 2018, ISBN 978-3-748-13890-7 [3748138903].

Kommunikation mit jungen Menschen im Kontext des geänderten SGB VIII - Auslegung und Anwendung von neuer Rechtsnorm im Achten Buch – Sozialgesetzbuch seit 01. Januar 2022 in Bezug auf pädagogisch fördernde Kommunikation mit Kindern und Jugendlichen. BoD, Norderstedt 2022, ISBN 978-3754330197 [3754330195].

Neue entwicklungsfördernde Kommunikation mit Kindern und Jugendlichen. BoD, Norderstedt 2022, ISBN 978-3756856794 [3756856798].

Aufgaben für die Vorbereitung zur schriftlichen Klausur 2025: Kommunikationspädagoge MMK - Menschenwürdig Motivierende Kommunikation. BoD, Norderstedt 2024, ISBN 978-3759750792 [3759750796].